甲申三百年祭

甲申三百年祭

郭沫若 著

中央党校出版集团

国家行政学院出版社

图书在版编目（CIP）数据

甲申三百年祭 / 郭沫若著 .-- 北京：国家行政学院出版社, 2022.3

ISBN 978-7-5150-2653-4

Ⅰ.①甲… Ⅱ.①郭… Ⅲ.①史评—中国—明代 ②李自成起义—研究 Ⅳ.① K248.07 ② K248.301

中国版本图书馆 CIP 数据核字（2022）第 037023 号

书　　名	甲申三百年祭	
	JIASHEN SANBAI NIAN JI	
作　　者	郭沫若　著	
统筹策划	曲　炜	
责任编辑	刘韫劼	
出版发行	国家行政学院出版社	
	（北京市海淀区长春桥路 6 号　　100089）	
综 合 办	（010）68928887	
发 行 部	（010）68928866	
经　　销	新华书店	
印　　刷	北京盛通印刷股份有限公司	
版　　次	2022 年 3 月北京第 1 版	
印　　次	2022 年 3 月北京第 1 次印刷	
开　　本	140 毫米 ×210 毫米　32 开	
印　　张	2.375	
字　　数	25 千字	
定　　价	22.00 元	

本书如有印装问题，可联系调换。联系电话：（010）68929022

出版说明

一九四四年三月，为纪念李自成领导农民起义胜利三百周年，郭沫若撰写《甲申三百年祭》，在重庆《新华日报》连载。国民党反动政府认定该文是"影射当局"，毛泽东读后却深受震撼，要求将《甲申三百年祭》作为延安整风文件印发全党学习，提醒干部"必须永远保持清醒与学习态度，万万不可冲昏头脑，忘其所以，重蹈李自成的覆辙"。五年后，一九四九年三月，毛泽东在离开西柏坡前往北平的"赶考"路上说,《甲申三百年祭》"现在仅仅是读了个开头,这篇文章是要永远读下去的"。

我们党一贯重视历史经验的借鉴和运用。二〇二一年九月,习近平总书记在陕西榆林考察调研期间,特别问道:"《甲申三百年祭》这本书,毛主席是什么时候让大家学的?"当得知是在抗战胜利前夕,他感慨道:"中国革命必然胜利在这里就能找到答案。"

观今宜鉴古,无古不成今。过去一百年,党向人民、向历史交出了一份优异的答卷;新时代新征程,我们更须谦虚谨慎、不骄不躁,以行百里者半九十的清醒不懈推进中华民族伟大复兴。为此我们特别推出《甲申三百年祭》一书,旨在激励广大党员干部以史为鉴、开创未来,惕厉自

省、笃行不怠，奋力走好新的赶考之路。也专此
纪念郭沫若同志诞辰一百三十周年。

中央党校出版集团

国家行政学院出版社

二〇二二年二月

目　录

甲申三百年祭

甲申轮到它的第五个周期，今年是明朝灭亡的第三百周年纪念了。

明朝的灭亡认真说并不好就规定在三百年前的甲申。甲申三月十九日崇祯死难之后，还有南京的弘光，福州的隆武，肇庆的永历，直至前清康熙元年（一六六二）永历帝为清吏所杀，还经历了一十八年。台湾的抗清，三藩的反正，姑且不算在里面。但在一般史家的习惯上是把甲申年认为是明亡之年的，这倒也是无可无不可的事情。因为要限于明室来说吧，事实上它久已失掉民心，不等到甲申年，早就是仅存形式的了。要就中国来说吧，就在清朝统治的二百六十年间一直都没有亡，抗清的民族解放斗争一直都是没有停止过的。

然而甲申年总不失为一个值得纪念的历史年。规模宏大而经历长久的农民革命，在这一年使明朝最专制的王权统治崩溃了，而由于种种的错误却不幸换来了清朝的入主，人民的血泪更潜流了二百六十余年。这无论怎样说也是值得我们回味的事。

在历代改朝换姓的时候，亡国的君主每每是被人责骂的。崇祯帝可要算是一个例外，他很博得后人的同情。就是李自成《登极诏》里面也说:"君非甚暗,孤立而炀蔽①恒多;臣尽行私,比党而公忠绝少"。不用说也就是"君非亡国之君,臣皆亡国之臣"的雅化了。其实崇祯这位皇帝倒是很有问题的。他仿佛是很想有为,然而他的办法始终是沿走着错误的路径。他在初即位的时候,曾经发挥了他的"当机独断",除去了魏忠贤与客氏,是他最有光辉的时期。但一转眼间依赖宦官,对于军国大事的处理,枢要人物的升降,时常是朝四暮三,轻信妄断。十七年不能算是短促的岁月,但只看见他今天在削籍大臣,明天在大辟疆吏,弄得大家都手足无所措。对于老百姓呢?虽然屡次在下《罪己诏》,申说爱民,但都是

---

① "炀蔽"是说人君受蒙蔽。譬之如灶,一人在灶前炀火遮蔽灶门,则余人不得炀,亦无由见火光。出处见《韩非子·难四》及《战国策·赵策》。——郭沫若注

口惠而实不至。《明史》批评他"性多疑而任察，好刚而尚气。任察则苛刻寡恩，尚气则急剧失措"（《流贼传》）。这个论断确是一点也不苛刻的。

自然崇祯的运气也实在太坏，承万历、天启之后做了皇帝，内部已腐败不堪，东北的边患又已经养成，而在这上面更加以年年岁岁差不多遍地都是旱灾、蝗灾。二年四月二十六日，有马懋才《备陈大饥疏》，把当时陕西的灾情叙述得甚为详细，就是现在读起来，都觉得有点令人不寒而栗：

臣乡延安府，自去岁一年无雨，草木枯焦。八九月间，民争采山间蓬草而食。其粒类糠皮，其味苦而涩。食之，仅可延以不死。至十月以后而蓬尽矣，则剥树皮而食。诸树惟榆皮差善，杂他树皮以为食，亦可稍缓其死。迨年终而树皮又尽矣，则又掘其山中石块而食。石性冷而味腥，少食辄饱，不数日则腹胀下坠而死。

民有不甘于食石而死者，始相聚为盗，而一二稍有积贮之民遂为所劫，而抢掠无遗矣……

最可悯者，如安塞城西有冀城之处，每日必弃一二婴儿于其中。有号泣者，有呼其父母者，有食其粪土者。至次晨，所弃之子已无一生，而又有弃子者矣。

更可异者，童稚辈及独行者，一出城外便无踪迹。后见门外之人，炊人骨以为薪，煮人肉以为食，始知前之人皆为其所食。而食人之人，亦不免数日后面目赤肿，内发燥热而死矣。于是死者枕藉，臭气熏天，县城外掘数坑，每坑可容数百人，用以掩其遗骸。臣来之时已满三坑有余，而数里以外不及掩者，又不知其几许矣……有司束于功令之严，不得不严为催科。仅存之遗黎，止有一逃耳。此处逃之于彼，彼处复逃之于此。转相逃则转相为盗，此盗之所以遍秦中也。

　　总秦地而言，庆阳、延安以北，饥荒至十分之极，而盗则稍次之；西安、汉中以下，盗贼至十分之极，而饥荒则稍次之。

　　　　　　　　　　　——见《明季北略》卷五

　　这的确是很有历史价值的文献，很扼要地说明了明末的所谓"流寇"的起源，同隶延安府籍的李自成和张献忠就是在这样的情形之下先后起来了的。

饥荒诚然是严重，但也并不是没有方法救济。饥荒之极，流而为盗，可知在一方面有不甘饿死、铤而走险的人，而在另一方面也有不能饿死、足有海盗的物资积蓄者。假使政治是休明的，那么捃彼注此，损有余以补不足，尽可以用人力来和天灾抗衡，然而却是"有司束于功令之严，不得不严为催科"。这一句话已经足够说明：无论是饥荒或盗贼，事实上都是政治所促成的。

　　这层在崇祯帝自己也很明白，十年闰四月大旱，久祈不雨时的《罪己诏》上又说得多么的痛切呀：

　　　　……张官设吏，原为治国安民。今出仕专为身谋，居官有同贸易。催钱粮先比火耗，完正额又欲羡余。甚至已经蠲免，亦悖

旨私征；才议缮修，（辄）乘机自润。或召买
不给价值，或驿路诡名轿抬。或差派则卖富
殊贫，或理谳则以直为枉。阿堵违心，则敲
朴任意。囊橐既富，则奸慝可容。抚按之荐
劾失真，要津之毁誉倒置。又如勋戚不知厌
足，纵贪横于京畿。乡宦灭弃防维，肆侵凌
于闾里。纳无赖为爪牙，受奸民之投献。不
肖官吏，畏势而曲承。积恶衔蠹，生端而勾
引。嗟此小民，谁能安枕！

——《明季北略》卷十三

　　这虽不是崇祯帝自己的手笔，但总是经过他
认可后的文章，而且只有在他的名义下才敢于有
这样的文章。文章的确是很好的。但对于当时政
治的腐败认识得既已如此明了，为什么不加以彻

底的改革呢？要说是没有人想出办法来吧，其实就在这下《罪己诏》的前一年（崇祯九年），早就有一位武生提出了一项相当合理的办法，然而却遭了大学士们的反对，便寝而不行了。《明季北略》卷十二载有《钱士升论李琏搜括之议》，便是这件事情：

　　四月，武生李琏奏致治在足国，请搜括臣宰助饷。大学士钱士升拟下之法司，不听。士升上言："比者借端幸进，实繁有徒。而李琏者乃倡为缙绅豪右报名输官，欲行手实籍没之法①。此皆衰世乱政，而敢陈于圣

① 手实法，唐代曾施行，限人民于岁暮自陈其田产以定租额。宋神宗时吕惠卿亦行此法，甚为豪绅地主等所反对。——郭沫若注。

人之前，小人无忌惮一至于此！且所恶于富者兼并小民耳，郡邑之有富家，亦贫民衣食之源也。以兵荒之故归罪富家而籍没之，此秦始皇所不行于巴清①，汉武帝所不行于卜式②者也。此议一倡，亡命无赖之徒，相率而与富家为难，大乱自此始矣。"已而温体仁以上欲通言路，竟改拟。上仍切责士升，以密勿大臣，即欲要誉，放之已足，毋庸汲汲……

这位李琎，在《明亡述略》作为李琏，言

① 巴寡妇清以丹穴致富，始皇曾为筑女怀清台。见《史记·货殖列传》。——郭沫若注。

② 卜式以牧畜致富，汉武帝有事于匈奴，卜式输助军饷，武帝曾奖励之。事见《史记·平准书》。——郭沫若注。

"李琏者，江南武生也，上书请令江南富家报名助饷"，大学士钱士升加以驳斥。这位武生其实倒是很有政治的头脑，可惜他所上的"书"全文不可见，照钱士升的驳议看来，明显地他恨"富者兼并小民"，而"以兵荒之故归罪富家"。这见解倒是十分正确的，但当时一般的士大夫都左袒钱士升。钱受"切责"反而博得同情，如御史詹尔选为他抗辩，认为"辅臣不过偶因一事代天下请命"。他所代的"天下"岂不只是富家的天下，所请的"命"岂不只是富者的命吗？已经亡了国了，而撰述《明季北略》与《明亡述略》的人，依然也还是同情钱士升的。但也幸而有他们这一片同情，连带着使李武生的言论还能有这少许的保存，直到现在。

"搜括臣宰"的目的，在李武生的原书，或

者不仅限于"助饷"吧。因为既言到兵与荒，则除足兵之外尚须救荒。灾民得救，兵食有着，"寇乱"决不会蔓延。结合明朝全力以对付外患，清朝入主的惨剧也决不会出现了。然而大学士驳斥，大皇帝搁置，小武生仅落得保全首领而已。看崇祯"切责士升"，浅识者或许会以为他很有志于采纳李武生的进言，但其实做皇帝的也不过采取的另一种"要誉"方式，"放之已足"而已。

崇祯帝，公平地评判起来，实在是一位十分"汲汲"的"要誉"专家。他是最爱下《罪己诏》的，也时时爱闹减膳、撤乐的玩艺。但当李自成离开北京的时候，却发现皇库扃钥如故，其"旧有镇库金积年不用者三千七百万锭，锭皆五百（十？）两，镌有永乐字"（《明季北略》卷二十）。皇家究竟不愧是最大的富家，这样大的积余，如能为天下富家先，施发出来助赈、助饷，尽可以少下两次《罪己诏》，少减两次御膳，少撤两次天乐，也不至于闹出悲剧来了。然而毕竟是叫文臣做文章容易，而叫皇库出钱困难，不容情的天灾却又好像有意开玩笑的一样，执拗地和要誉者调皮。

所谓"流寇"，是以旱灾为近因而发生的，在崇祯元二年间便已蹶起了。到李自成和张献忠执牛耳的时代，已经有了十年的历史。"流寇"都是铤而走险的饥民，这些没有受过训练的乌合之众，在初，当然抵不过官兵，就在奸淫掳掠、焚烧残杀的一点上比起当时的官兵来更是大有愧色的。十六年，当李、张已经势成燎原的时候，崇祯帝不时召对群臣，马世奇的《廷对》最有意思：

今闯、献并负滔天之逆，而治献易，治闯难。盖献，人之所畏；闯，人之所附。非附闯也，苦兵也。一苦于杨嗣昌之兵，而人不得守其城垒。再苦于宋一鹤之兵，而人不得有其家室。三苦于左良玉之兵，而人之居者、行者，俱不得安保其身命矣。贼知人心之所苦，特借"剿兵安民"为辞。一时愚民被欺，望风投降。而贼又为散财赈贫，发粟赈饥，以结其志。遂至视贼如归，人忘忠义。其实贼何能破各州县，各州县自甘心从贼耳。故目前胜着，须从收拾人心始。收拾人心，须从督抚镇将约束部位，令兵不虐民，民不苦兵始。

——《北略》卷十九

这也实在是一篇极有价值的历史文献,《明史·马世奇传》竟把它的要点删削了。当时的朝廷是在用兵剿寇,而当时的民间却是在望寇"剿兵"。在这剿的比赛上,起初寇是剿不过兵的,然而有一点占了绝对的优势,便是寇比兵多,事实上也就是民比兵多。在十年的经过当中,杀了不少的寇,但却增加了无数的寇。寇在比剿中也渐渐受到了训练,无论是在战略上或政略上。官家在征比搜括,寇家在散财发粟,战斗力也渐渐优劣易位了。到了十六年再来喊"收拾人心",其实已经迟了,而迟到了这时,却依然没有从事"收拾"。

李自成的为人,在本质上和张献忠不大相同,就是官书的《明史》都称赞他"不好酒色,脱粟粗粝,与其下共甘苦"。看他的很能收揽民心，礼贤下士，而又能敢作敢为的那一贯作风，和刘邦、朱元璋辈起于草泽的英雄们比较起来，很有过之而无不及的气概。自然，也是艰难玉成了他。他在初发难的十几年间，只是高迎祥部下的一支别动队而已。时胜时败，连企图自杀都有过好几次。特别在崇祯十一二年间是他最危厄的时候。直到十三年，在他才来了一个转机，从此一帆风顺，便使他陷北京，覆明室，几乎完成了他的大顺朝的统治。

这一个转机也是由于大灾荒所促成的。

自成在十一年大败于梓潼之后，仅偕十八骑溃围而出，潜伏于商洛山中。在这时张献忠已投降于熊文灿的麾下。待到第二年张献忠回复旧态，自成赶到谷城（湖北西北境）去投奔他，险些儿遭了张的暗算，弄得一个人骑着骡子逃脱了。接着自成又被官兵围困在巴西鱼腹诸山中，逼得几乎上吊。但他依然从重围中轻骑逃出，经过郧县、均县等地方，逃入了河南。这已经是十三年的事。在这时河南继十年、十一年、十二年的蝗旱之后，又来一次蝗旱，闹到"人相食，草木俱尽，土寇并起"（《烈皇小识》）。但你要说真的没有米谷吗？假使是那样，那就没有"土寇"了。"土寇"之所以并起，是因为没有金钱去掉换高贵的米谷，而又不甘心饿死，便只得用生命去掉换而已。——"斛谷万钱，饥民从自成者数万"（《明史·李自成传》），就这样李自成便又死灰复燃了。

这儿是李自成势力上的一个转机，而在作风上也来了一个划时期的改变。十三年后的李自成与十三年前的不甚相同，与其他"流寇"首领们也大有悬异。上引马世奇的《廷对》，是绝好的证明。势力的转变固由于多数饥民之参加，而作风的转变在各种史籍上是认为由于一位"杞县举人李信"的参加。这个人在《李自成传》和其他的文献差不多都是以同情的态度被叙述着的，想来不必一定是因为他是读书人吧。同样的读书人跟着自成的很不少，然而却没有受到同样的同情。我现在且把《李自成传》上所附见的李信入伙的事迹摘录在下边。

> 杞县举人李信者，逆案中尚书李精白子也。尝出粟赈饥民，民德之。曰："李公子活我"。会绳伎红娘子反，掳信，强委身焉。信逃归。官以为贼，囚狱中。红娘子来救，饥民应之，共出信。

卢氏举人牛金星，磨勘被斥。私入自成军，为主谋。潜归，事泄，坐斩；已，得末减。

二人皆往投自成，自成大喜，改信名曰岩。金星又荐卜者宋献策，长三尺余。上谶记云："十八子主神器"，自成大悦。

岩因说曰："取天下以人心为本，请勿杀人，收天下心"。自成从之，屠戮为减。又散所掠财物赈饥民，民受饷者不辨岩、自成也。杂呼曰："李公子活我"。岩复造谣词曰："迎闯王，不纳粮"，使儿童歌以相煽。从自成者日众。

这节文字叙述在十三年与十四年之间，在《明史》的纂述者大约认为李、牛、宋之归自成是同在十三年。《明亡述略》的作者也同此见解，此书或许即为《明史》所本。

> 当是时（十三年）河南大旱，其饥民多从自成。举人李信、牛金星皆归焉。金星荐卜者宋献策陈图谶，言"十八子当主神器"。李信因说自成曰："取天下以人心为本，请勿杀人，收天下心"。自成大悦，为更名曰岩，甚信任之。

然而牛、宋的归自成其实是在十四年四月，《烈皇小识》和《明季北略》，叙述得较为详细。《烈皇小识》是这样叙述着的：

> 十四年四月，自成屯卢氏。卢氏举人牛

金星迎降。又荐卜者宋献策，献策长不满三尺。见自成，首陈图谶云："十八孩儿兑上坐，当从陕西起兵以得天下"①。自成大喜，奉为军师。

《明季北略》叙述得更详细，卷十七《牛宋降自成》条下云：

辛巳（十四年）四月，河南卢氏县贡生牛金星，向有罪，当戍边。李岩荐其有计略，金星遂归自成。自成以女妻之，授以右

---

① "十八孩儿兑上坐，当从陕西起兵以得天下"："十八孩儿"或"十八子"切李字。"兑"在八卦方位图中是正西方的卦，其上为乾，乾是西北方的卦。李自成崛起于陕西，陕西地处西北，当于乾位，故言"兑上坐"。又"乾为君"，故言"得天下"。——郭沫若注。

相。或云："金星天启丁卯举人，与岩同年，故荐之"。金星引故知刘宗敏为将军，又荐术士宋献策。献策，河南永城人，善河洛数。初见自成，袖出一数进曰："十八孩儿当主神器"。自成大喜，拜军师。献策面狭而长，身不满三尺，其形如鬼，右足跛，出入以杖自扶。军中呼为宋孩儿。一云浙人，精于六壬奇门遁法，及图谶诸数学。自成信之如神。余如拔贡顾君恩等亦归自成，贼之羽翼益众矣。

牛、宋归自成之年月与《烈皇小识》所述同，宋出牛荐，牛出李荐，则李之入伙自当在宋之前。惟关于李岩入伙，《北略》叙在崇祯十年，未免为时过早。

李岩开封府杞县人。天启七年丁卯孝廉，有文武才。弟牟，庠士。父某，进士。世称岩为"李公子"。家富而豪，好施尚义。

时频年旱饥，邑令宋某催科不息，百姓苦之。岩进白，劝宋暂休征比，设法赈给。宋令曰："杨阁部（按指兵部杨嗣昌）飞檄雨下，若不征比，将何以应？至于赈济饥民，本县钱粮匮乏，止有分派富户耳"。岩退，捐米二百余石。无赖于闻之，遂纠众数十人哗于富室，引李公子为例。不从，辄焚掠。有力者白宋令出示禁戢。宋方不悦岩，即发牒传谕："速速解散，各图生理，不许借名求赈，恃众要挟。如违，即系乱民，严拿究罪。"饥民击碎令牌，群集署前，大呼曰：

"吾辈终须饿死，不如共掠。"

宋令急邀岩议。岩曰："速谕暂免征催，并劝富室出米，减价官粜，则犹可及止也"。宋从之。众曰："吾等姑去，如无米，当再至耳。"宋闻之而惧，谓若发粟市恩，以致众叛，倘异日复至，其奈之何？遂申报按察司云："举人李岩谋为不轨，私散家财，买众心以图大举。打差辱官，不容比较。恐滋蔓难图，祸生不测，乞申抚按，以戡奸宄，以靖地方。"按察司据县申文抚按，即批宋密拿李岩监禁，毋得轻纵。宋遂拘李岩下狱。

百姓共怒曰："为我而累李公子，忍乎？"群赴县杀宋，劫岩出狱。重犯具释，仓库一空。岩谓众曰："汝等救我，诚为厚意。然事甚大，罪在不赦。不如归李闯王，可以免祸而致富贵。"众从之。岩遣弟牟率家先行，随一炬而去。城中止余衙役数十人及居民二三百而已。

岩走自成，即劝假行仁义，禁兵淫杀，收人心以图大事。自成深然之。岩复荐同年牛金星，归者甚众，自成兵势益强。岩遣党伪为商贾，广布流言，称自成仁义之帅，不杀不掠，又不纳粮。愚民信之，惟恐自成不至，望风思降矣。

予幼时闻贼信急，咸云："李公子乱"，而不知有李自成。及自成入京，世犹疑即李公子，而不知李公子乃李岩也。故详志之。

这是卷十三《李岩归自成》条下所述，凡第十三卷所述均崇祯十年事，在作者的计六奇自以李岩之归自成是在这一年了。但既言"频年旱饥",与十年情事不相合。宋令所称"杨阁部飞檄雨下"亦当在杨嗣昌于十二年十月"督师讨贼"以后。至其卷二十三《李岩作劝赈歌》条下云:

> 李岩劝县令出谕停征;崇祯八年七月初四日事。又作《劝赈歌》,各家劝勉赈济,歌曰:
>
> "年来蝗旱苦频仍,嚼啮禾苗岁不登。米价升腾增数倍,黎民处处不聊生。草根木叶权充腹,儿女呱呱相向哭。釜甑尘飞炊烟绝,数日难求一餐粥。官府征粮纵虎差,豪家索债如狼豺。可怜残喘存呼吸,魂魄先归泉壤埋。骷髅遍地积如山,业重难过饥

饿关。能不教人数行泪，泪洒还成点血斑？奉劝富家同赈济，太仓一粒恩无既。枯骨重教得再生，好生一念感天地。天地无私佑善人，善人德厚福长臻。助贫救乏功勋大，德厚流光裕子孙。"

看这开首一句"年来蝗旱苦频仍"，便已经充分地表现了作品的年代。河南蝗旱始于十年，接着十一年、十二年、十三年均蝗旱并发。八年以前，河南并无蝗旱的记载。因此所谓"崇祯八年"断然是错误，据我揣想，大约是"庚辰年"的蠹蚀坏字，由抄者以意补成的吧。劝宋令劝赈既在庚辰年七月初四，入狱自在其后，被红娘子和饥民的劫救，更进而与自成合伙，自当得在十月左右了。同书卷十六《李自成败而复振》条下

甲申三百年祭

27

云:"庚辰（十三年）十二月自成攻永宁陷之。杀万安王朱铒（应为朱采铒），连破四十八寨，遂陷宜阳，众至数十万。李岩为之谋主。贼每剽掠所获，散济饥民，故所至威势益盛"。在十三年底，李岩在做自成的谋主，这倒是可能的事。

李岩无疑早就是同情于"流寇"的人，我们单从这《劝赈歌》里面便可以看出他的思想倾向。首先值得注意的是他说到"官府征粮纵虎差，豪家索债如狼豺"，而却没有说到当时的"寇贼"怎样怎样。他这歌是拿去"各家劝勉"的。受了骂的那些官府豪家的虎豹豺狼，一定是忍受不了。宋令要申报他"图谋不轨"，一定也是曾经把这歌拿去做了供状的。

红娘子的一段插话最为动人，但可惜除《明史》以外目前尚无考见。最近得见一种《剿闯小史》，是乾隆年间的抄本，不久将由说文社印行。那是一种演义式的小说，共十卷，一开始便写《李公子民变聚众》，最后是写到《吴平西孤忠受封拜》为止的。作者对于李岩也颇表同情，所叙事迹和《明季北略》相近，有些地方据我看来还是《北略》抄袭了它。《小史》本系稗官小说，不一定全据事实，但如红娘子的故事是极好的小说材料，而《小史》中也没有提到。《明史》自必确有根据，可惜目前书少，无从查考出别的资料。

其次乾隆年间董恒岩所写的《芝龛记》，以秦良玉和沈云英为主人翁的院本，其中的第四十出《私奔》①也处理着李、牛奔自成的故事。这位

---

① 据查，此处《芝龛记》第四十出《私奔》，应为第四十八出《狐奔》。

作者却未免太忍心了，竟把李岩作为丑角，红娘子作为彩旦，李岩的"出粟赈饥"，被解释为"勉作散财之举，聊博好义之名"。正史所不敢加以诬蔑的事，由私家的曲笔，歪解得不成名器了。且作者所据也只是《李自成传》，把牛、李入伙写在一起。又写牛金星携女同逃，此女后为李自成妻，更是完全胡诌。牛金星归自成时，有他儿子生员牛诠同行，倒是事实，可见作者是连《甲申传信录》都没有参考过的。至《北略》所言自成以女妻金星，亦不可信。盖自成当时年仅三十四岁，应该比金星还要年轻，以女妻牛诠，倒有可能。

李岩本人虽然有"好施尚义"的性格，但他并不甘心造反，倒也是同样明了的事实。你看，红娘子那样爱他，"强委身焉"了，而他终竟脱逃了，不是他在初还不肯甘心放下他举人公子的身份的证据吗？他在指斥官吏，责骂豪家，要求县令暂停征比，开仓赈饥，比起上述的江南武生李琏上书搜括助饷的主张要温和得多。崇祯御宇已经十三年了，天天都说在励精图治，而征比勒索仍然加在小民身上，竟有那样糊涂的县令，那样糊涂的巡按，袒庇豪家，把一位认真在"公忠体国"的好人和无数残喘仅存的饥民都逼成了"匪贼"。这还不够说明崇祯究竟是怎样励精图治的吗？这不过是整个明末社会的一个局部的反映而已。明朝统治之当得颠覆，崇祯帝实在不能说毫无责任。

但李岩终竟被逼上了梁山。有了他的入伙，明末的农民革命运动才走上了正轨。这儿是有历史的必然性。因为既有大批饥饿农民参加了，作风自然不能不改变，但也有点所谓云龙风虎的作用在里面，是不能否认的。当时的"流寇"领袖并不只自

甲申三百年祭

成一人，李岩不投奔张献忠、罗汝才之流，而却归服自成，倒不一定如《剿闯小史》托辞于李岩所说的"今闯王强盛，现在本省邻府"的原故。《北略》卷二十三叙有一段《李岩归自成》时的对话，虽然有点像旧戏中的科白，想亦不尽子虚。

岩初见自成，自成礼之。

岩曰："久钦帐下宏猷，岩恨谒见之晚。"

自成曰："草莽无知，自惭菲德，乃承不远千里而至，益增孤陋兢惕之衷。"

岩曰："将军恩德在人，莫不欣然鼓舞。是以谨率众数千，愿效前驱。"

自成曰："足下龙虎鸿韬，英雄伟略，必能与孤共图义举，创业开基者也。"

遂相得甚欢。

二李相见，写得大有英雄识英雄，惺惺惜惺惺之概。虽然在辞句间一定不免加了些粉饰，而两人都有知人之明，在岩要算是明珠并非暗投，在自成却真乃如鱼得水，倒也并非违背事实。在李岩入伙之后，接着便有牛金星、宋献策、刘宗敏、顾君恩等的参加，这几位都是闯王部下的要角。从此设官分治，守土不流，气象便迥然不同了。全部策划自不会都出于李岩，但，李岩总不失为一个触媒，一个引线，一个黄金台上的郭隗①吧。《北略》卷二十三记《李岩劝自成假行仁

---

　　① 郭隗，战国时期燕国大臣、贤者，纵横家代表人物。燕昭王为报齐灭燕之仇，复兴燕国，拜访郭隗，求计问策。郭隗以古人千金买骨为例，使昭王广纳贤才，建筑"黄金台"。此举天下震动，乐毅、邹衍、剧辛及其他有才能的人皆来归附燕国，燕国因此强大起来。

义》，比《明史》及其他更为详细。

　　自成既定伪官，即令谷大成、祖有光等
率众十万攻取河南。

　　李岩进曰："欲图大事，必先尊贤礼士，
除暴恤民。今朝廷失政，然先世恩泽在民已
久，近缘岁饥赋重，官贪吏猾，是以百姓如
陷汤火，所在思乱。我等欲收民心，须托仁
义。扬言大兵到处，开门纳降者秋毫无犯。
在任好官，仍前任事。若酷虐人民者，即行
斩首。一应钱粮，比原额只征一半，则百姓
自乐归矣。"

　　自成悉从之。

　　岩密遣党作商贾，四出传言："闯王仁义
之师，不杀不掠。"又编口号使小儿歌曰：

"吃他娘，穿他娘，开了大门迎闯王。闯王来时不纳粮。"

又云："朝求升，暮求合，近来贫汉难求活。早早开门拜闯王，管教大小都欢悦。"

时比年饥旱，官府复严刑厚敛。一闻童谣，咸望李公子至矣……其父精白尚书也，故人呼岩为"李公子"。

巡抚尚书李精白，其名见《明史·崔呈秀传》，乃崇祯初年所定逆案中"交结近侍，又次等论，徒三年，输赎为民者"一百二十九人中之一。他和客、魏"交结"的详细情形不明。明末门户之见甚深，而崇祯自己也就是自立门户的好手。除去客、魏和他们的心腹爪牙固然是应该的，但政治不从根本上去澄清，一定要罗致内外臣工数百人而尽纳诸"逆"中，而自己却仍然倚仗近侍，分明是不合道理的事。而李岩在《芝龛记》中即因父属"逆案"乃更蒙曲笔，这诛戮可谓罪及九族了。

李岩既与自成合伙，可注意的是：他虽然是举人，而所任的却是武职。他被任为"制将军"。史家说他"有文武才"，倒似乎确是事实。他究竟立过些什么军功，打过些什么得意的硬战，史籍上没有记载。但他对于宣传工作做得特别高妙，把军事与人民打成了一片，却是有笔共书的。自十三年以后至自成入北京，三四年间虽然也有过几次大战，如围开封、破潼关几役，但大抵都是"所至风靡"。可知李岩的收揽民意，瓦解官兵的宣传，千真万确地是收了很大的效果。

不过另外有一件事情也值得注意，便是李岩

在牛金星加入了以后似乎已不被十分重视。牛本李岩所荐引，被拜为"天祐阁大学士"，官居丞相之职，金星所荐引的宋献策被倚为"开国大军师"，又所荐引的刘宗敏任一品的权将军，而李岩的制将军，只是二品（此品秩系据《北略》，《甲申传信录》则谓"二品为副权将军，三品为制将军，四品为果毅将军"云云）。看这待遇显然是有亲有疏的。

关于刘宗敏的来历有种种说法，据上引《北略》认为是牛金星的"故知"，他的加入是由牛金星的引荐，并以为山西人（见卷二十三《宋献策及众贼归自成》条下）。《甲申传信录》则谓"攻荆楚，得伪将刘宗敏"（见《疆场裹革李闯纠众》条下）。而《明史·李自成传》却以为："刘宗敏者蓝田锻工也"，其归附在牛、李之前。自成被围于巴西鱼腹山中时，二人曾共患难，竟至杀妻相从。但《明史》恐怕是错误了的。《北略》卷五《李自成起》条下引：

一云：自成多力善射，少与衙卒李固，铁冶刘敏政结好，暴于乡里。后随众作贼，其兵尝云：我王原是个打铁的。

以刘宗敏为锻工，恐怕就是由于有这位"铁冶刘敏政"而致误（假如《北略》不是讹字）。因为姓既相同，名同一字，是很容易引起误会的。

刘宗敏是自成部下的第一员骁将，位阶既崇，兵权最重，由入京以后事迹看来，自成对于他的依赖是不亚于牛金星的。文臣以牛金星为首，武臣以刘宗敏为首，他们可以说是自成的左右二膀。但终竟误了大事的，主要的也就是这两位巨头。

自成善骑射，既百发百中，他自己在十多年的实地经验中也获得了相当优秀的战术。《明史》称赞他"善攻"，当然不会是阿谀了。他的军法也很严。例如："军令不得藏白金，过城邑不得室处，妻子外不得携他妇人，寝兴悉用单布幕绵……军止，即出校骑射。日站队，夜四鼓蓐食以听令。"甚至"马腾入田苗者斩之"（《明史·李自成传》）。真可以说是极端的纪律之师。别的书上也说："军令有犯淫劫者立时枭磔，或割掌，或割势"（《甲申传信录》），严格的程度的确是很可观的。自成自己更很能够身体力行。他不好色，不饮酒，不贪财利，而且十分朴素。当他进北京的时候，是"毡笠缥衣，乘乌驳马"（《本传》）；在京殿上朝见百官的时候，"戴尖顶白毡帽，蓝布上马衣，蹑鞟靴"（《北略》卷二十）。他亲自领兵去抵御吴三桂和满洲兵的时候，是"绒帽蓝布箭衣"（《甲申传信录》）；而在他已经称帝，退出北京的时候，"仍穿箭衣，但多一黄盖"（《北略》）。这虽然仅是四十天以内的事，而是天翻地覆的四十天。客观上的变化尽管是怎样剧烈，而他的服装却丝毫也没有变化。史称他"与其下共甘苦"，可见也并不是不实在的情形。最有趣的当他在崇祯九年还没有十分得势的时候，"西掠米脂，呼知县边大绶曰：'此吾故乡也，勿虐我父老。'遗之金，令修文庙"（《李自成传》）。十六年占领了西安，他自己还是"每三日亲赴教场校射"（同上）。这作风也实在非同小可。他之所以能够得到民心，得到不少的人才归附，可见也决不是偶然的了。

在这样的人物和作风之下，势力自然会日见增加，而实现到天下无敌的地步。在十四、十五两年间把河南、湖北几乎全部收入掌中之后，自成听从了顾君恩的划策，进窥关中，终于在十六年十月攻破潼关，使孙传庭阵亡了。转瞬之间，全陕披靡。十七年二月出兵山西，不到两个月便打到北京，没三天工夫便把北京城打下了。这军事，真如有摧枯拉朽的急风暴雨的力量。自然，假如从整个的运动历史来看，经历了十六七年才达到这最后的阶段，要说难也未尝不是难。但在达到这最后阶段的突变上，有类于河堤决裂，系由积年累月的浸渐而溃迸，要说容易也实在显得太容易了。在过短的时期之内获得了过大的成功，这却使自成以下如牛金星、刘宗敏之流，似乎都沉沦进了过分的陶醉里去了。进了北京以后，自成便进了皇宫。丞相牛金星所忙的是筹备登极大典，招揽门生，开科选举。将军刘宗敏所忙的是拶夹降官，搜括赃款，严刑杀人。纷纷然，昏昏然，大家都像以为天下就已经太平了的一样。近在肘腋的关外大敌，他们似乎全不在意。山海关仅仅派了几千兵去镇守，而几十万的士兵却屯积在京城里面享乐。尽管平时的军令是怎样严，在大家都陶醉了的时候，竟弄得刘将军"杀人无虚日，大抵兵丁掠抢民财者也"（《甲申传信录》）了。而且把吴三桂的父亲吴襄绑了来，追求三桂的爱姬陈圆圆，"不得，拷掠酷甚"（《北略》卷二十《吴三桂请兵始末》）；虽然得到了陈圆圆，而终于把吴三桂逼反了的，却也就是这位刘将军。这关系实在是并非浅鲜。

在过分的胜利陶醉当中，但也有一二位清醒的人，而李岩便是这其中的一个。《剿闯小史》是比较同情李岩的，对于李岩的动静时有叙述。"贼将二十余人皆领兵在京，横行惨虐。惟制将军李岩、弘将军李牟兄弟二人，不喜声色。部下兵马三千，俱屯扎城外，只带家丁三四十名跟随，并不在外生事。百姓受他贼害者，闻其公明，往赴禀，颇为申究。凡贼兵闻李将军名，便稍收敛。岩每出私行，即访问民间情弊，如遇冤屈必予安抚。每劝闯贼申禁将士，宽恤民力，以收人心。闯贼毫不介意。"

这所述的大概也是事实吧。最要紧的是他曾谏自成四事，《小史》叙述到，《北略》也有记载，内容大抵相同，兹录从《北略》。

制将军李岩上疏谏贼四事，其略曰：

一、扫清大内后，请主上退居公厂。俟工政府修葺洒扫，礼政府择日率百官迎请大内。次议登极大礼，选定吉期，先命礼政府定仪制，颁示群臣演礼。

一、文官追赃，除死难归降外，宜分三等。有贪污者发刑官严追，尽产入官。抗命不降者，刑官追赃既完，仍定其罪。其清廉者免刑，听其自输助饷。

一、各营兵马仍令退居城外守寨，听候调遣出征。今主上方登大宝，愿以尧舜之仁自爱其身，即以尧舜之德爱及天下。京师百姓熙熙皞皞，方成帝王之治。一切军兵不宜借住民房，恐失民望。

一、吴镇（原作"各镇"，据《小史》改，下同）兴兵复仇，边报甚急。国不可一日无君，今择吉已定，官民仰望登极，若大旱之望云霓。主上不必兴师，但遣官招抚吴镇，许以侯封吴镇父子，仍以大国封明太子，令其奉祀宗庙，俾世世朝贡与国同休，则一统之基可成，而干戈之乱可息矣。

自成见疏，不甚喜，既批疏后"知道了"，并不行。

后两项似乎特别重要；一是严肃军纪的问题，一是用政略解决吴三桂的问题。他上书的旨趣似乎是针对着刘宗敏的态度而说。刘非刑官，而他的追赃也有些不分青红皂白，虽然为整顿军纪——"杀人无虚日"，而军纪已失掉了平常的秩序。特别是他绑吴襄而追求陈圆圆，拷掠酷甚的章法，实在是太不通政略了。后来失败的大漏洞也就发生在这儿，足见李岩的见识究竟是有些过人的地方的。

《剿闯小史》还载有李岩入京后的几段逸事，具体地表现他的和牛、刘辈的作风确实是有些不同。第一件是他保护懿安太后的事。

> 张太后，河南人。闻先帝已崩，将自缢，贼众已入。伪将军李岩亦河南人，入宫见之，知是太后，戒众不得侵犯。随差贼兵同老宫人以肩舆送归其母家。至是，又缢死。

这张太后据《明史·后传》，是河南祥符县

人，她是天启帝的皇后，崇祯帝的皇嫂，所谓懿安后或懿安皇后的便是。她具有"严正"的性格，与魏忠贤和客氏对立，崇祯得承大统也是出于她的力量。此外贺宿有《懿安后事略》，又纪昀有《明懿安皇后外传》。目前手中无书，无从引证。

第二件是派兵护卫刘理顺的事：

中允刘理顺，贼差令箭传觅，闭门不应，具酒题诗。妻妾阖门殉节。少顷，贼兵持令箭至，数十人踵其门。曰："此吾河南杞县绅也，居乡极善，里人无不沐其德者。奉李公子将令正来护卫，以报厚德。不料早已全家尽节矣。"乃下马罗拜，痛哭而去。

《北略》有《刘理顺传》载其生平事迹甚详，晚年中状元（崇祯七年），死时年六十三岁。亦载李岩派兵护卫事，《明史·刘理顺传》（《列传》一五四）则仅言"群盗多中州人，人唁曰：'此吾乡杞县刘状元也，居乡厚德，何遽死！'罗拜号泣而去。"李岩护卫的一节却被抹杀了。这正是所谓"史笔"，假使让"盗"或"贼"附骥尾而名益显的时候，岂不糟糕！

第三是一件打抱不平的事：

河南有恩生官周某，与同乡范孝廉儿女姻家。孝廉以癸未下第，在京候选，日久资斧罄然。值贼兵攻城，米珠薪桂，孝廉郁郁成疾。及城陷驾崩，闻姻家周某以宝物贿王旗鼓求选伪职，孝廉遂愤闷而死。其子以穷

不能殡殓，泣告于岳翁周某。某呵叱之，且
悔其亲事。贼将制将军李岩缉知，缚周某于
营房，拷打三日而死。

这样的事是不会上正史的，然毫无疑问决不会
是虚构。看来李岩也是在"拷打"人，但他所"拷
打"的是为富不仁的人，而且不是以敛钱为目的。

他和军师宋献策的见解比较要接近些。《小
史》有一段宋、李两人品评明政和佛教的话极有
意思，足以考见他们两人的思想。同样的话亦为
《北略》所收录，但文字多夺佚，不及《小史》
完整。今从《小史》摘录：

伪军师宋矮子同制将军李岩私步长安门
外，见先帝枢前有二僧人在旁诵经，我明旧

臣选伪职者皆锦衣跨马，呵道经过。

岩谓宋曰："何以纱帽反不如和尚？"

宋曰："彼等纱帽原是陋品，非和尚之品能超于若辈也。"

岩曰："明朝选士，由乡试而会试，由会试而廷试，然后观政候选，可谓严格之至矣。何以国家有事，报效之人不能多见也？"

宋曰："明朝国政，误在重制科，循资格。是以国破君亡，鲜见忠义。满朝公卿谁不享朝廷高爵厚禄？一旦君父有难，皆各思自保。其新进者盖曰：'我功名实非容易，二十年灯窗辛苦，才博得一纱帽上头。一事未成，焉有即死之理？'此制科之不得人也。而旧任老臣又曰：'我官居极品，亦非容易。

二十年仕途小心，方得到这地位，大臣非止一人，我即独死无益。'此资格之不得人也。二者皆谓功名是自家挣来的，所以全无感戴朝廷之意，无怪其弃旧事新，而漫不相关也。可见如此用人，原不显朝廷待士之恩，乃欲责其报效，不亦愚哉！其间更有权势之家，循情而进者，养成骄慢，一味贪痴，不知孝弟，焉能忠烈？又有富豪之族，从夤缘而进者，既费白镪，思权子母，未习文章，焉知忠义？此迩来取士之大弊也。当事者若能矫其弊而反其政，则朝无幸位，而野无遗贤矣。"

岩曰："适见僧人敬礼旧主，足见其良心不泯，然则释教亦所当崇欤？"

宋曰："释氏本夷狄之裔，异端之教，邪

说诬民，充塞仁义。不惟愚夫俗子惑于其术，乃至学士大夫亦皆尊其教而趋习之。偶有愤激，则甘披剃而避是非；忽值患难，则入空门而忘君父。丛林宝刹之区，悉为藏奸纳叛之薮。君不得而臣，父不得而子。以布衣而抗王侯，以异端而淆政教。惰慢之风，莫此为甚！若说诵经有益，则兵临城下之时，何不诵经退敌？若云礼忏有功，则君死社稷之日，何不礼忏延年？此释教之荒谬无稽，而徒费百姓之脂膏以奉之也。故当人其人而火其书，驱天下之游惰以惜天下之财费，则国用自足而野无游民矣。"

岩大以为是，遂与宋成莫逆之交。

当牛金星和宋企郊辈正在大考举人的时候，

而宋献策、李岩两人却在反对制科。这些议论是不是稗官小说的作者所假托的，不得而知，但即使作为假托，而作者托之于献策与李岩，至少在两人的行事和主张上应该多少有些根据。宋献策这位策士虽然被正派的史家把他充分漫画化了，说他像猴子，又说他像鬼。——"宋献策面如猿猴"，"宋献策面狭而长，身不满三尺，其形如鬼。右足跛，出入以杖自扶，军中呼为宋孩儿"，俱见《北略》。通天文，解图谶，写得颇有点神出鬼没，但其实这人是很有点道理的。《甲申传信录》载有下列事项：

　　甲申四月初一日，伪军师宋献策奏……天象惨烈，日色无光，亟应停刑。

接着在初九日又载:

是时闯就宗敏署议事，见伪署中三院，每夹百余人，有哀号者，有不能哀号者，惨不可状。因问宗敏，凡追银若干？宗敏以数对。闯曰：天象示警，宋军师言当省刑狱。此辈夹久，宜酌量放之。敏诺。次日诸将系者不论输银多寡，尽释之。

据这事看来，宋献策明明是看不惯牛金星、刘宗敏诸人的行动，故而一方面私作讥评，一方面又借天象示警，以为进言的方便。他的作为阴阳家的姿态出现，怕也只是一种烟幕吧。

李自成本不是刚愎自用的人，他对于明室的待遇也非常宽大。在未入北京前，诸王归顺者多受封。在入北京后，帝与后也得到礼殡，太子和永、定二王也并未遭杀戮。当他入宫时，看见长公主被崇祯砍得半死，闷倒在地，还曾叹息说道："上太忍，令扶还本宫调理"（《甲申传信录》）。他很能纳人善言，而且平常所采取的还是民主式的合议制。《北略》卷二十载："内官降贼者自宫中出，皆云，李贼虽为首，然总有二十余人，俱抗衡不相下，凡事皆众共谋之。"这确是很重要的一项史料。据此我们可以知道，后来李自成的失败，自成自己实在不能负专责，而牛金星和刘宗敏倒要负差不多全部的责任。

像吴三桂那样标准的机会主义者，在初对于自成本有归顺之心，只是尚在踌躇观望而已。这差不多是为一般的史家所公认的事。假使李岩的谏言被采纳，先给其父子以高爵厚禄，而不是刘宗敏式的敲索绑票，三桂谅不至于"为红颜"而"冲冠一怒"。即使对于吴三桂要不客气，像刘宗敏那样的一等大将应该亲领人马去镇守山海关，以防三桂的叛变和清朝的侵袭，而把追赃的事让给刑官去干也尽可以胜任了。然而事实却恰得其反。防山海关的只有几千人，庞大的人马都在京城里享乐。起初派去和吴三桂接触的是降将唐通，更不免有点类似儿戏。就这样在京城里忙了足足一个月，到吴三桂已经降清，并诱引清兵入关之后，四月十九日才由自成亲自出征，仓惶而去，仓惶而败，仓惶而返。而在这期间留守京都的丞相牛金星是怎样的生活呢？"大轿门棍，洒金扇上贴内阁字，玉带蓝袍圆领，往来拜客，遍请同乡"（《甲申传信录》），太平宰相的风度俨然矣。

自成以四月十九日亲征，二十六日败归，二

十九日离开北京，首途向西安进发。后面却被吴三桂紧紧的追着，一败于定州，再败于真定，损兵折将，连自成自己也带了箭伤。在这时河南州县多被南京的武力收复了，而悲剧人物李岩，也到了他完成悲剧的时候。

　　李岩者，故劝自成以不杀收人心者也。及陷京师，保护懿安皇后，令自尽。又独于士大夫无所拷掠，金星等大忌之。定州之败，河南州县多反正。自成召诸将议，岩请率兵往。金星阴告自成曰："岩雄武有大略，非能久下人者。河南，岩故乡，假以大兵，必不可制。十八子之谶得非岩乎？"因谮其欲反。自成令金星与岩饮，杀之。贼众俱解体。

——《明史·李自成传》

《明亡述略》、《明季北略》及《剿闯小史》都同样叙述到这件事。惟后二种言李岩与李牟兄弟二人同时被杀，而在二李被杀之后，还说到宋献策和刘宗敏的反应。

宋献策素善李岩，遂往见刘宗敏，以辞激之。宗敏怒曰："彼（指牛）无一箭功，敢擅杀两大将，须诛之。"由是自成将相离心，献策他往，宗敏率众赴河南。

——《北略》卷二十三

真正是呈现出了"解体"的形势。李岩与李牟究竟是不是兄弟，史料上有些出入，在此不愿涉及。献策与宗敏，据《李自成传》，后为清兵所擒，遭了杀戮。自成虽然回到了西安，但在第二年二月潼关失守，于是又恢复了从前"流寇"的姿态，窜入河南湖北，为清兵所穷追，竟于九月牺牲于湖北通山之九宫山，死时年仅三十九岁（一六〇六至一六四五）。余部归降何腾蛟，加入了南明抗清的队伍。牛金星不知所终。

这无论怎么说都是一场大悲剧。李自成自然是一位悲剧的主人，而从李岩方面来看，悲剧的意义尤其深刻。假使初进北京时，自成听了李岩的话，使士卒不要懈怠而败了军纪，对于吴三桂等及早采取了牢笼政策，清人断不至于那样快的便入了关。又假使李岩收复河南之议得到实现，以李岩的深得人心，必能独当一面，把农民解放的战斗转化而为种族之间的战争。假使形成了那样的局势，清兵在第二年决不敢轻易冒险去攻潼关，而在潼关失守之后也决不敢那样劳师穷追，使自成陷于绝地。假使免掉了这些错误，在种族方面岂不也就可以免掉了二百六十年间为清朝所宰治的命运了吗？就这样，个人的悲剧扩大而成为了种族的悲剧，这意义不能说是不够深刻的。

大凡一位开国的雄略之主，在统治一固定了之后，便要屠戮功臣，这差不多是自汉以来每次改朝换代的公例。自成的大顺朝即使成功了（假使没有外患，他必然是成功了的），他的代表农民利益的运动早迟也会变质，而他必然也会做到汉高祖、明太祖的藏弓烹狗的"德政"，可以说是断无例外。然而对于李岩们的诛戮却也未免太早了。假使李岩真有背叛的举动，或拟投南明，或拟投清廷，那杀之也无可惜，但就是谗害他的牛金星也不过说他不愿久居人下而已，实在是杀得没有道理。但这责任与其让李自成来负，毋宁是应该让卖友的丞相牛金星来负。

三百年了，种族的遗恨幸已消除，而三百年前当事者的功罪早是应该明白判断的时候。从种族的立场上来说，崇祯帝和牛金星所犯的过失最大，他们都可以说是两位种族的罪人。而李岩的悲剧是永远值得回味的。

一九四四年三月十日脱稿

【附识】此文以一九四四年三月十九日在重庆《新华日报》上刊出，连载四日。二十四日国民党《中央日报》专门写一社论，对我抨击。国民党反动派的尴尬相是很可悯笑的。

关于李岩

　　前年（一九四四）我曾写《甲申三百年祭》一文，关于李岩与红娘子的逸事有所叙述，颇引起读者的注意，但因参考书籍缺乏，所述亦未能详尽。

　　特别关于李岩，我对他有一定的同情。他以举人公子身份而终于肯投归李自成，虽说是出于贪官污吏的压迫，但在他的思想上一定是有相当的准备的。查继佐的《罪惟录》里面有极重要的这么一句："李岩教自成以虚誉来群望，伪为均田免粮之说相煽诱"（《传三十一·李自成》）。"均田"两个字是其他的资料所没有的，虽然仅只两个字，却把李岩的思想立场表示得十分明白。这足证明李岩确不是一位寻常的人物。可惜运动失败，关于这种思想上的更详细的资料，恐怕无从获得了。

无名氏《梼杌近志》中亦有李岩遗事一则，言其夫人汤氏劝李岩不得，自缢而死，死时尚有绝命词一首。这倒是绝好的戏剧或小说的材料，我把它补抄在下边。

> 崇祯末，流寇四起，绳妓红娘子乱河南，虏杞县举人李信（李岩原名）去，强委身事之。信不从，逃归。有司疑信，执下

狱。红娘子来救,城中民应之,信仍归红娘子。遂与李自成约为兄弟,决意为逆。李信妻汤氏劝不听,缢于楼,面色如生,未识何时死。乃出约队,复入敛之,得绝命词一首云:"三千银界月华明,控鹤从容上玉京,夫婿背侬如意愿,悔将后约订来生。"信得诗,大恸欲绝。

这大约有所根据,不是出于虚构。即便是出于虚构,也觉得是很有趣味的材料。

吴梅村的《鹿樵纪闻》,也提到李岩、红娘子,但很简略,与《明史·李自成传》中所述无甚出入,或且即为《明史》所本。

照《梼杌近志》看来,李岩与红娘子是成为了夫妇的。红娘子的后事是怎样,可惜无从知道。近见苏北出版社的平剧《九宫山》(击楫词人试编),主要是根据《甲申三百年祭》改编的。作者让红娘子劫狱之后,向李岩求婚不遂,遂拔剑自刎。这虽然也是一种处理法,但觉得未免太干脆了。主要该由我负责,因为在我写《甲申三百年祭》时还没有见到《梼杌近志》。

我自己本来也想把李岩和红娘子的故事写成剧本的,酝酿了已经两年,至今还未着笔。在处理上也颇感觉困难。假使要写到李岩和牛金星的对立而卒遭谗杀,那怕是非写成上下两部不可的。

一九四六年二月十二日夜于重庆

关于李岩